이번 생은 술꾼입니다

이번 생은 술꾼입니다

초판 1쇄 인쇄 2021년 6월 16일
초판 1쇄 발행 2021년 6월 23일

지은이 민정원

발행인 장상진
발행처 (주)경향비피
등록번호 제2012-000228호
등록일자 2012년 7월 2일

주소 서울시 영등포구 양평동 2가 37-1번지 동아프라임밸리 507-508호
전화 1644-5613 | **팩스** 02) 304-5613

ⓒ민정원

ISBN 978-89-6952-460-7 03810

· 값은 표지에 있습니다.
· 파본은 구입하신 서점에서 바꿔드립니다.

이번 생은 술꾼입니다

민정원 지음

경향BP

차례

프롤로그 6
버번 위스키 14
포트 와인 18
마리아주 26
단골 술집 27
관광지의 특성 35
주류 박람회 36
술꾼의 경도 45
주사 46
술꾼의 고양이 1 53
와인 뉴비 54
눈높이 교육 63
하이볼 64
술꾼의 흔한 합리화 71
맥주 시음회 72
검수 83
해장 음식 84
맛집 검증 91
꿀물 92
담금주 98
두 번째 담금주 105
소주 106
그런 날이 있지 112
망나니 시절 114
지속 가능한 음주 생활을 위하여 119

겨울의 전골 파티 120
빈티지 와인 124
날아오르라 가격이여 129
진정한 어른 130
진정한 어른으로의 한 걸음 136
알코올 우울 137
슬픔과 알코올의 상성 143
코로나 시대의 술꾼 145
이벤트 사냥꾼 150
내가 술을 마실 상인가 151
음주와 피부 156
노래방 157
산과 막걸리 163
낮술 170
술로 이어진 인연 1 171
술로 이어진 인연 2 175
사케 176
잊어서는 안 되는 것 182
안주의 힘 183
술꾼의 고양이 2 189
내추럴 와인 190
와인 셀러 196
홈술 197
에필로그 203

프롤로그

20대 중반 즈음 직장 동료가 이런 말을 했다.

"내가 마신 술값을 합치면 건물 하나는 샀을 거야."

나는 진지하게 대답했다.

"흠, 그만큼은 아니더라도 지금 사는 월세 보증금은 웃돌 것 같다."

그러고 나서 이제껏 내가 마신 술은 어느 정도인가 생각해보았는데, 실내수영장에 부어 넣는다면 레일 한 줄은 채울 수 있지 않을까 싶었다.

"완전 가능할 듯…."

프롤로그

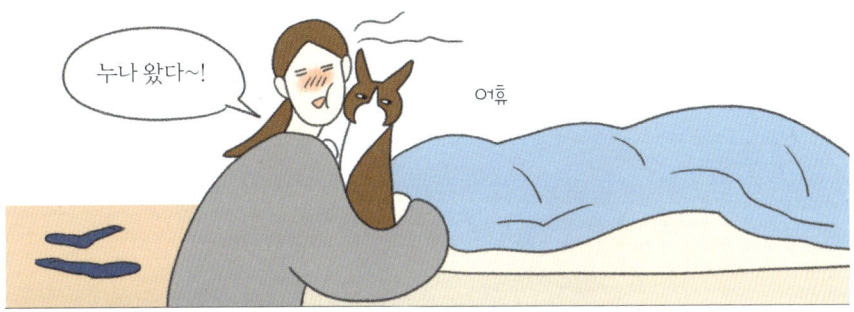

프롤로그

난생처음 만난 소주와 맥주부터

멋모르고 마신 와인, 아버지가 좋아하시는 양주,

가끔 생각나는 전통주에 이르기까지

다양한 술을 마시면서 나와 잘 맞는 술을 찾기 시작한 것은

더 이상 체력이 예전 같지 않고

술을 마실 수 있는 시간과 자본이 한정적이라는 사실을
몸소 깨닫게 된 이후부터다.

어찌 보면 파란만장한 나의 술 생활을
어딘가에 기록해야겠다는 생각이 들던 참에

출판사에서 흔쾌히 호응해주시고 계약해주어 이 만화를 시작하게 됐다.

술을 사랑하는 이들이 공감하며 읽어줄 거라는 기대와 함께 그려본다.

버번 위스키

버번 위스키의 존재를 알게 된 건 미성년자였을 때다.

재미있게 본 만화책에서 내가 가장 좋아하는 등장인물들이
'버번 위스키'를 즐겨 마신다고 했다.

도무지 완결이 나지 않는 그 작품이 잊힐 때쯤
어느 바의 진열장에서 다양한 위스키를 보게 됐다.

버번 위스키

포트 와인

한동안 포트 와인에 빠져 지낸 적이 있다.

정확히는 콥*라는 포트 와인 라인업의 10년산으로

당시 직장 내에 붐이 일어 접하게 되었다.

포트 와인

처음 본 포트 와인의 컬러는 벌꿀 같은 묘한 갈색빛으로
내가 알고 있던 와인과는 달랐다.

직장 근처 바에서 포트 와인을 잔으로 팔아서
퇴근 후에 함께 마시러 가곤 했는데

취급하는 곳이 적은지 다른 술집에서는 좀처럼 발견하지 못했다.

답답해진 나는 근처 와인 전문점에 전화를 걸어 문의한 뒤

구입한 포트 와인 한 병은 친구들과 함께 비우고,

다른 한 병은 신세진 술집 사장님께 들고 가서

더 신세를 지고 돌아왔다.

포트 와인과 같이 언급되는 주정강화 와인으로 셰리 와인도 있다.

기회가 되어 옛날 해적선에서 꺼낸 듯한 셰리 와인을 맛본 적이 있었는데

황홀한 맛이었다.

이후 질릴 정도로 마셔댔기에 포트 와인 붐은 곧 시들해졌지만,

달달하여 디저트처럼 마시면 딱 좋아서 가끔 생각난다.

짧은 술꾼 만화: 마리아주

원래 음식과 술의 조화에 크게 신경 쓰지 않았는데

맛있는 술이랑 맛있는 음식이면 대체적으로 괜찮지 않나?

이 둘은 천상계 조합이긴 함

포트 와인을 아무 데나 가지고 다니다가 최악의 경험을 했다.

콜키지 프리의 돼지고기 집

이렇게 안 어울릴 수가 있구나!

토할 것 같아.

다시는 경험하고 싶지 않은 맛이어서 이후로는 조심하게 되었다.

잘 모르겠으면 차라리 술만 마시자.

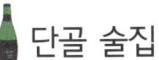# 단골 술집

가게들도 금세 바뀌어버려 단골 술집을 만들기 어려웠다.

번잡한 중심부를 떠나 외곽으로 가게를 찾아다니다가

홍대 인근에 살 때는 당인동 부근의 술집 몇 곳에 다녔고

이태원 인근에 살 때는 경리단 근처 구석진 곳이나 아예 번화한 역 근처 술집을 다녔다.

자주 가는 동네인 합정에도 한 곳 찾았다.

조용한 동네로 이사한 지금은 그에 걸맞은 단골집을 찾았다.

내가 단골이 된 술집은 오픈한 지 얼마 안 된 곳이거나

사장님과 대화할 만한 환경인 곳이었다.

셋째, 주류의 가격대가 다양해야 한다.

마지막 조건은 다소 두루뭉술하지만, 다시 오고 싶은 마음이 드는 곳이어야 한다.

모름지기 술을 즐기는 사람이라면 단골 술집 한두 곳은 필요한 법

단 한 곳만 있어도 노곤한 하루를 마무리하는 좋은 회복처가 된다.

짧은 술꾼 만화: 관광지의 특성

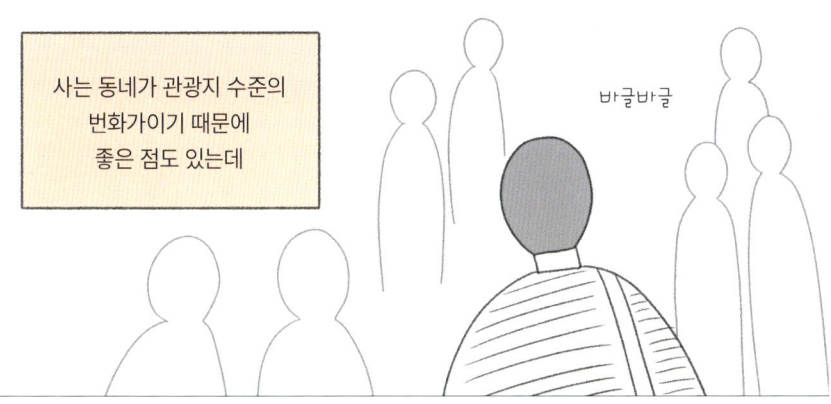

사는 동네가 관광지 수준의 번화가이기 때문에 좋은 점도 있는데

바글바글

24시간 내내 통행량이 많아

아이고, 사람 참 많다.

낮에도

샷 샤샥

주거 밀집 지역보다 오히려 안전한 것 같아 안심된다.

밤에도

3초 안에 모든 걸 촬영할 준비가 되어 있는 인간 CCTV의 성지랄까.

주류 박람회

1년에 한 번 열리는 애주가들의 성대한 파티

찬란한 6월

주류 박람회

나는 애주가지만 주류 박람회는 한 번도 가본 적이 없었다.

정확히는 집 앞에서 술 마시느라 생각조차 못함

쭙쭙

그러다 SNS에서 누군가의 후기를 접했고,

주류 박람회야말로 나를 위한 무릉도원일 것이라는 확신이 들었다.

하필 행사 마지막 날 발견해서 다급히 파티원을 모집했고,

다행히 마감 두 시간 전쯤 박람회장에 도착했다.

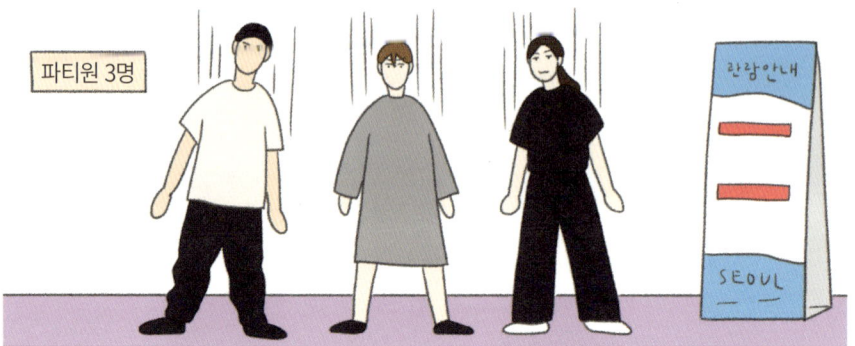

주류 박람회의 재밌는 점은 주류를 시음할 잔을 지참해야 한다는 것이다.

그러나 첫 방문인 나는 그 사실을 몰랐고

주류 박람회

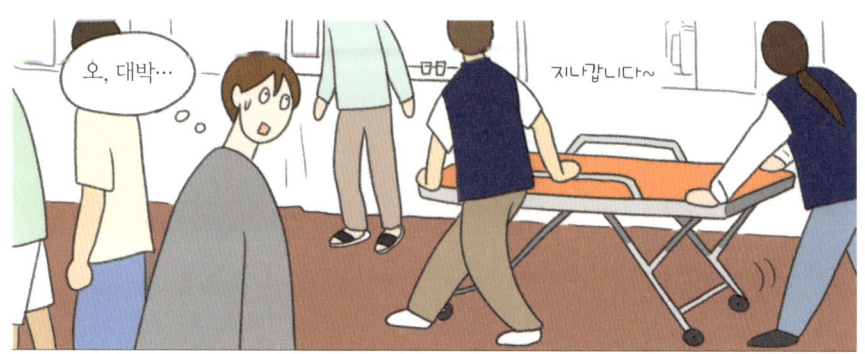

갑자기 들것이 옆을 지나가거나

부스 바로 옆에 사람이 주저앉아 있기도 하고

벽면에 기대 있는 사람은 흔할 정도였다.

주류 박람회

생각보다 더 엄청난 행사였다.

늦게 가는 바람에 폐장 시간이 다 되어 시음 가능한 부스가 적었는데

우선은 가볍게 맥주부터 시작했고

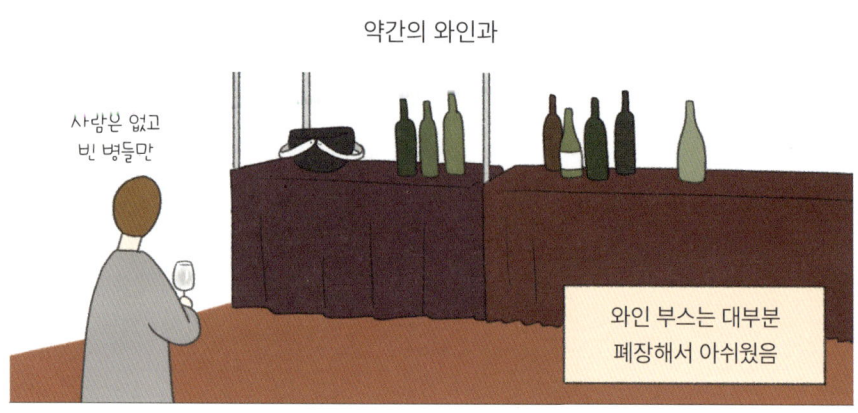

짧은 술꾼 만화: **술꾼의 경도**

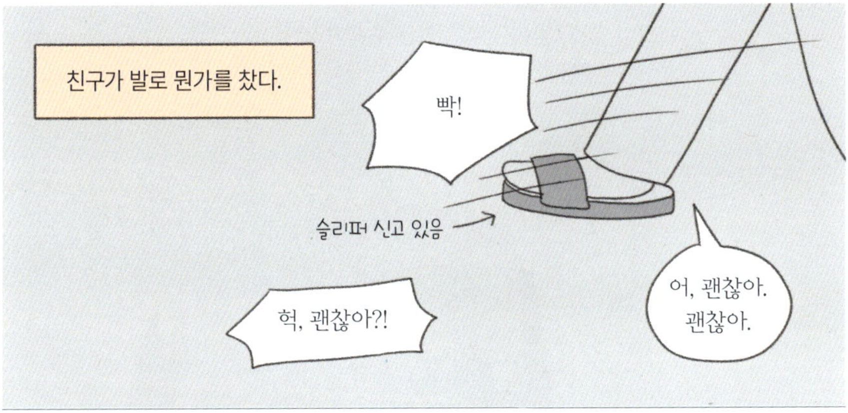

주사

주사는 사람마다 다르다.

나도 한동안 재미있는 주사가 있었다.

바로 '내일을 위한 청소'다.

이 주사는 극심한 숙취를 겪은 이후 생겨났다.

이 모든 고통을 마주하며 미라 상태로 견뎌야 함

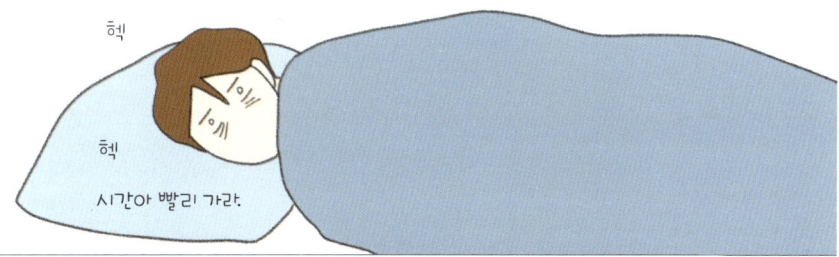

어느 날, 이런 극심한 숙취로 어제의 나를 원망하며 누워 있는데

방이 지저분하니 머리가 더 아픈 것 같았다.

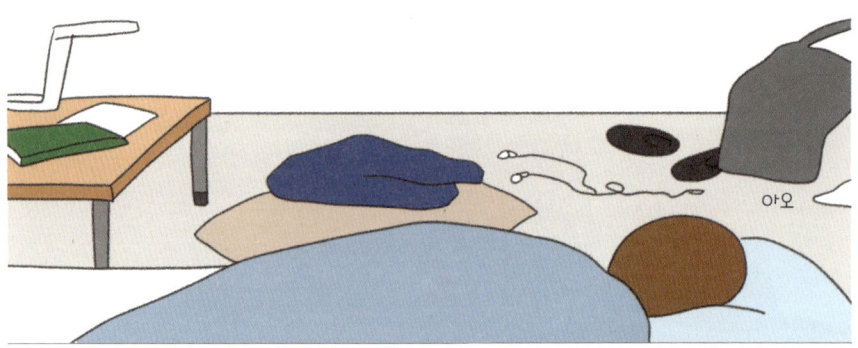

숙취가 심하면 하루를 꼬박 누워 있어야 할 때도 있었기 때문에

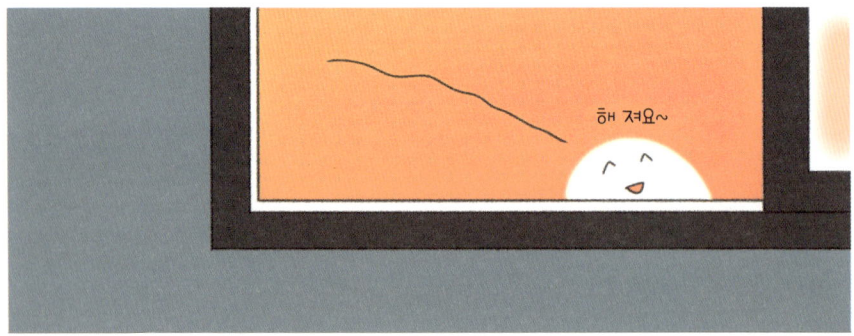

하루 종일 그 모습을 보고 있어야 했다.

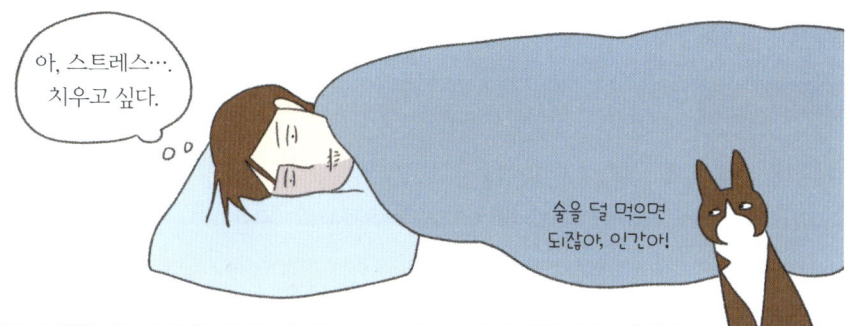

그 이후로 술을 많이 마시고 들어온 날에는

잠자리에 들기 전 청소와 주변 정리를 했다.

이렇게 주변이 정돈된 상태로 잠들면

다음 날 일어나서 숙취가 심하더라도

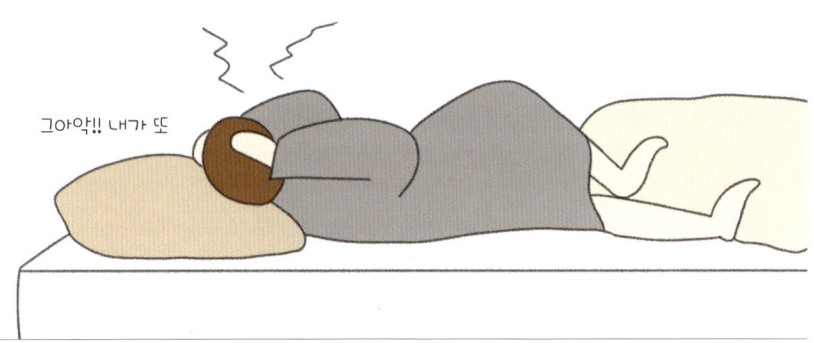

기분만은 좋다.

하지만 이것도 적당히 마셨을 경우에만 가능하다.

정말 너무 많이 마셨다 싶은 날에는 샤워까지가 한계다.

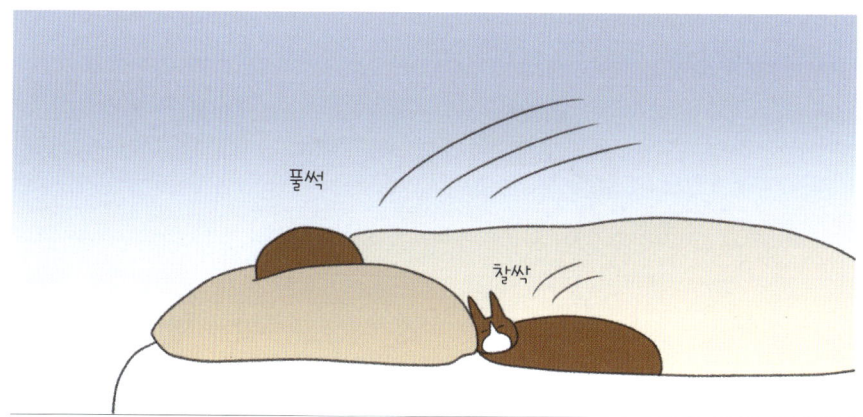

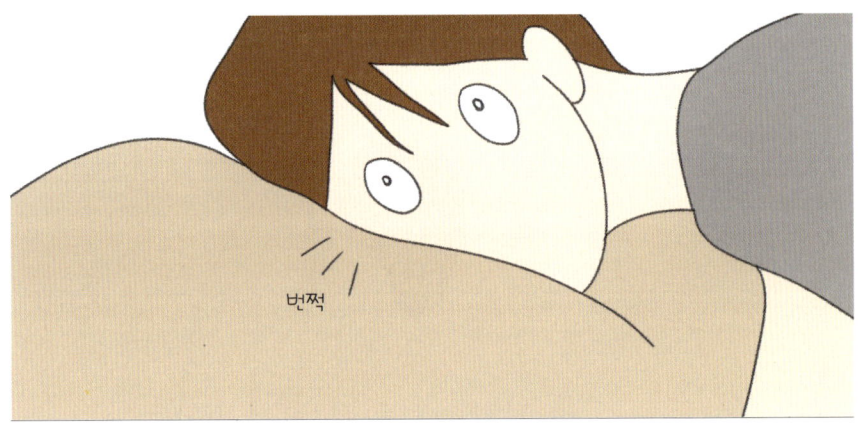

그렇게 익숙한 술꾼의 아침이 온다.

짧은 술꾼 만화: 술꾼의 고양이 1

와인 뉴비

와인은 늘 '접근이 어려운 술'이라는 이미지였다.

어렸을 때는 비쌀 것 같아서 접근이 어려웠고,

대학생 때 다니던 술집에는 항상 메뉴판 맨 뒤에 조그맣게 하우스 와인이 적혀 있을 뿐 메인 주종이 아니었다.

이후에는 잘 모르는 주종이라 딱히 주문하지 않았다.

그렇게 살다가 어느 해부터 단골 바에서 와인을 마시는 일이 잦아졌고,

여전히 '나는 와인 맛을 모르는 사람'이라고
생각하던 어느 날 대 반전이 일어나는데….

그날따라 와인 맛이 평소와는 다르게 느껴졌다.

단골 바 사장님의 양질의 와인 라인업만 접하다 보니 입맛이 변해버린 것이다.

혀에 닿는 직접적인 경험을 하고 나니
와인에 관심이 생길 수밖에 없었다.

라벨에서 어디선가 본 것 같은 단어를 발견했다.

집으로 돌아와서 와인 입문서를 들춰봤다.

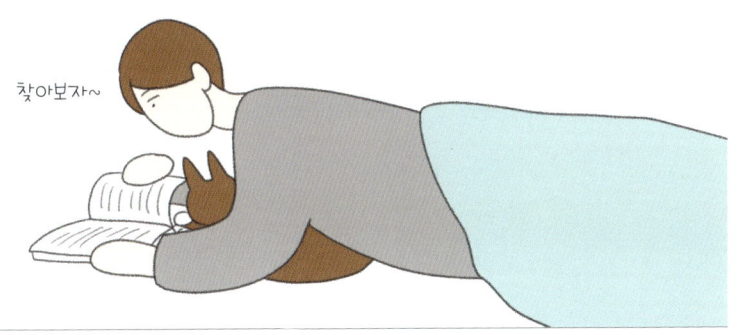

라벨의 단어는 금방 발견할 수 있었다.

보르도 지방의 유명한 와인 산지 중 하나였다.

이 두 번의 충격적 미각 체험과 얕은 지식이 맞물려

나는 이때부터 속수무책으로 와인에 빠지게 되었다.

친구의 생일을 축하해주러 가는 길에 와인을 사러 갔는데

얕은 지식이지만 알고 추천을 받는 것과
아무 관심도 없이 추천을 받는 것은 몹시 다른 경험이었다.

책에서 읽은 그대로의 지식을 체험할 수 있었고,

마셔보고 싶은 포도 품종이나 특정 지역을 물어보면
소믈리에 분도 더욱 냉쾌하게 알려주신다.

약간의 지식만으로도 와인 쇼핑이 몹시 즐거워지므로

관심이 있다면 어렵지 않은 와인 입문서를 꼭 한번 읽어보길 추천한다.

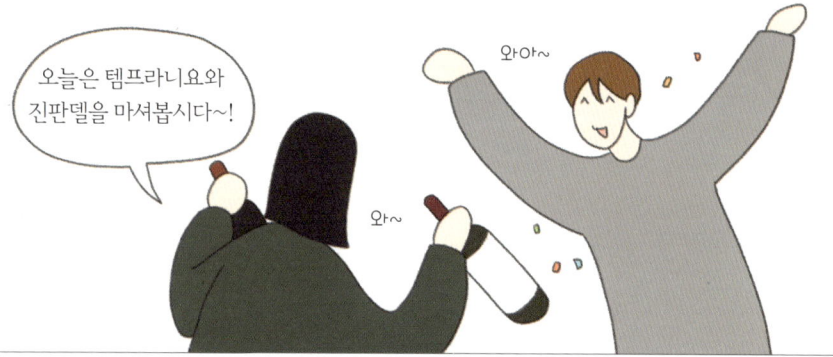

짧은 술꾼 만화: **눈높이 교육**

처음 산 만화로 된 와인 입문서에는 포도 품종들이 캐릭터화되어 있었다.

입문서를 만화로 고른 것은 정말

최고의 결정이었다.

하이볼

숙소를 어느 곳에 잡든

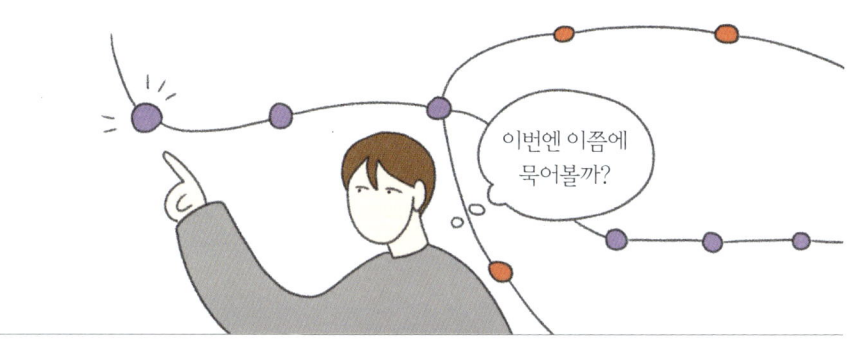

대부분의 동네에는 작은 술집이 꼭 있고,

이런 캐주얼한 술집에는

반드시 하이볼이 있다.

하이볼은 위스키와 탄산수를 섞은 것으로,
어떤 위스키와 탄산수를 섞느냐에 따라 달라지지만

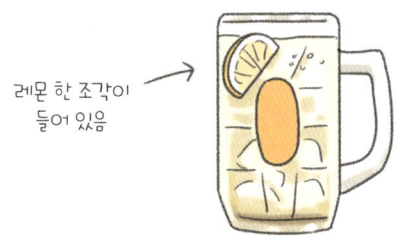

점원이 따로 물어보지 않는다면 보통은
산토* 위스키에 단맛이 가미된 탄산수를 섞어 내준다.

하이볼

이 시원한 하이볼을 한 잔 쭈욱 들이키고 나면
비로소 '일본에 왔구나.' 하는 실감이 든다.

다음 잔부터는 생맥주, 보리소주(온더록 혹은 물을 섞은),
지방의 술 등을 자유롭게 마시다가

매실주로 마무리한다.

그 즐거웠던 기억들도 흐릿해져가던 참에
한국에서 하이볼 전문점을 발견했다.

다양한 위스키를 구비해두고 원하는 탄산음료를 섞어 마실 수 있는 시스템으로,

여러 가지 배합의 하이볼을 마실 수 있어서 몹시 흥미로웠다.

그러나 역시 현지에서 스케줄을 마친 뒤 마시는 하이볼만은 못하다.

아쉬운 기분을 달래며 집에서 하이볼을 제조해 마셔본다.

짧은 술꾼 만화: **술꾼의 흔한 합리화**

본인의 터무니없는 실수로 금전적 손해를 봤다.

ex) 쇼핑 실패
계산 실수
아무튼 멍청이

화가 부글부글 끓어오르지만 누구도 탓할 수 없다.

크윽...

와악! 난 멍청이야!!

술 N번 마셨다고 생각한다.

맥주 시음회

한 다리 건너 존재만 알던 친구의 친구가 있다.

얘기해본 적은 없지만 굉장한 맥주 마니아로

고블릿 잔을 지참하고 등장하는 맥주 박사

얼마 전 결혼한 친구 부부와 함께 맥주 시음회를 했다는 소식을 전해 들었다.

재밌더라.

오

그러나 직접 아는 사이는 아니라 속으로만 부러워할 뿐이었다.

그런데 어느 날 친구가 솔깃한 제안을 했다.

우리 작업실 멤버 중 제안자 이외에는 술꾼이므로 흔쾌히 받아들였다.

약속은 빠르게 잡혔고 친구(a.k.a선생님)께서 메신저로 설문지를 주셨다.

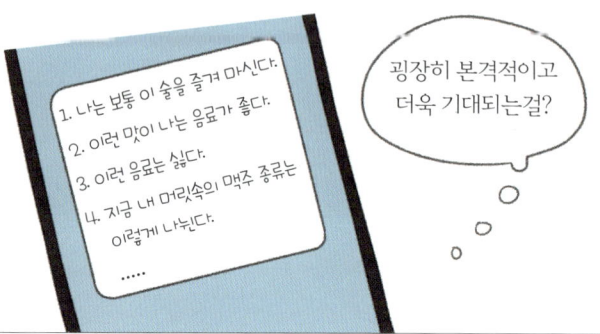

나는 들뜬 마음으로 성심성의껏 작성해서 보냈다.

이후 약속일까지 카톡으로 맥주 라인업을 종종 업데이트받았는데

아는 맥주가 하나도 없었다.

아무튼 부푼 기대감과 함께 시음회 당일이 됐다.

숙취 해소제를 사 들고 작업실에 모였다.

안주로는 훈제 굴, 식초 감자칩, 크림치즈, 크래커 등을 준비했다.

선생님께서 준비한 맥주의 양은 엄청났는데

우선 침샘을 자극하는 식초 계열부터 시작했다.

종류별로 한 잔씩 따라 마시면서 각자 감상을 말해보는데

알고 있던 맥주 맛의 스펙트럼보다 훨씬 다채로운 맛과 향이 느껴졌다.

게다가 임페리얼 스타우트 계열은 도수가
와인만큼이나 높아서 금방 술이 올랐기에

맥주 시음회

혼란스런 쉬는 시간을 보내고

다시 맥주를 마시고

알차게 달려 마지막 캔까지 비우자 밤이 되어 있었다.

숙취 해소제 한 봉지로는 막지 못할 양의 알코올을
쫓아버리기 위해 근처 콩나물국밥 집으로 향했다.

야무지게 해장까지 마친 후

우리는 다음 시음회로 한여름을 기약하며 헤어졌다.

짧은 술꾼 만화: 검수

이 에피소드를 그린 후 다시 친구를 통해 선생님께 검수를 받았다.

혹시 틀린 단어나 정보가 없는지?

톡 톡 톡

몇 개월 전의 일인 데다 취했으므로 기억이 가물가물해서다.

휴 다행

이 단어만 고치면 나머진 괜찮대.

만화에 대한 피드백은 딱히 없었고,

혼술중이네

여전하시네….

검수하는 그 순간에도 혼술하고 있다며 소식을 알려온 게 너무도 선생님다웠다.

해장 음식

소리 내어 말하기만 해도 거룩한 단어.

나의 술자리는 모두 그 이후의 해장 음식이 있었기에 더욱 빛날 수 있었다.

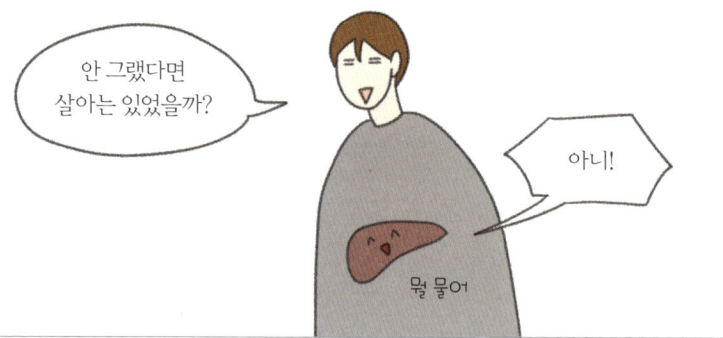

나는 취하기 전에는 안주를 잘 안 먹고

해장 음식

이 방법은 아무것도 먹지 않고 잠자리에 드는 것보다는
다음 날 훨씬 나은 결과를 보여준다.

요즘도 술자리가 끝나면 취한 내 몸이 해장 에너지원으로 쓸
음식늘을 무작위로 넣어주기는 하지만

빠른 회복을 꾀하면서도 엉망이 된 속을 다스리려면 메뉴 선정이 중요하다.

내가 좋아하는 해장 음식은 쌀국수, 평양냉면, 선지 해장국이다.

쌀국수는 굳이 해장을 위해서가 아니라도 나의 소울 푸드다.

평양냉면도 해장에 굉장한 효력을 발휘하지만
집에서 나가기가 힘들어 자주 먹지는 못한다.

선지 해장국은 새로운 동네에 이사 오며 애용하게 된 해장 음식으로

내가 사는 동네는 놀랍게도 '서울 3대 선지 해장국'이라는 칭호를 딘 해장국 집이 모여 있다.

가장 취향인 선지 해장국 집은 영업시간이 특이해서

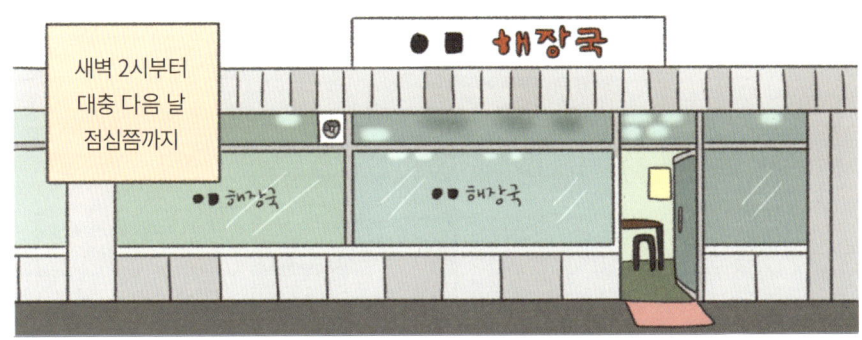

밤새 술을 마시다 해장하러 가기에 딱 좋은 곳이다.

세 가지 음식 모두 국물 요리인 것으로 보아
나는 해장할 때 국물이 필수불가결한 요소인데

피붙이는 해장 음식으로 햄버거나 피자를 주문하는 것을 보면

사람마다 소울 해장 푸드는 제각기 다른 것 같다.

짧은 술꾼 만화: 맛집 검증

SNS에서

사장님이 금목걸이, 금팔찌, 시계 등을 주렁주렁 하고 계시는 그곳이 바로 맛집입니다.

라는 글을 봤다.

3대 해장국 집 중 한 곳을 방문했을 때

꿀물

평소처럼 단골 바에 방문한 어느 날

위스키 몇 종류를 마셔봐야겠다는 다짐을 하고
아일라 위스키를 주문해 마시던 중이었다.

사장님께 위스키에 대해 이것저것 물어보며
술을 고르는 모습을 보셨는지 한 손님이 말을 걸었다.

위스키를 마셔본 경험이 적은 나는 솔직하게 말씀드렸다.

나의 대답을 시작으로 위스키에 대해 이런저런 이야기를 나누게 되었는데

위스키도 마치 향수처럼 층위가 나뉘어져 있다는 점이 인상적이었다.

짧은 위스키 연구 시간을 보내니 어느새 새벽 두 시.

꿀물

손님이 '꿀물 마시기'를 제안했다.

그럼 이제 꿀물 한 잔씩 하고 가죠.

예? 꿀물이요???

갑자기?

아, 이건 제가 해장술처럼 마시는 건데….

ㅋㅋ ㅋㅋ

사장님, 이 위스키에 물을 1:1로 타서 두 잔 주시겠어요?

이건 제가 대접할게요!

아무리 물을 탔다지만 이런 독주를 해장술로 마신다는 게 믿기지 않았는데

마시자마자 무슨 말인지 바로 이해할 수 있었다.

믿기지 않은 꿀물 효과에 깜짝 놀라며 하루를 시작했다.

 담금주

할머니 댁에나 있을 법한 담금주.

물론 할머니 댁에는 더 어마어마한 담금주가 있었음

술은 마시고 싶어졌을 때 바로 마셔야 한다는 생각 때문에

음, 담금주라….

작업이 잘 안 풀리나?

담근 후 몇 달을 기다려야 하는 담금주는 나에게 도전하기 어려운 술이었다.

궁금하긴 한데

아무리 그래도 몇 개월은 못 참지~.

양이 상당히 많았기에 친구들과 모여 딸기주를 담갔다.

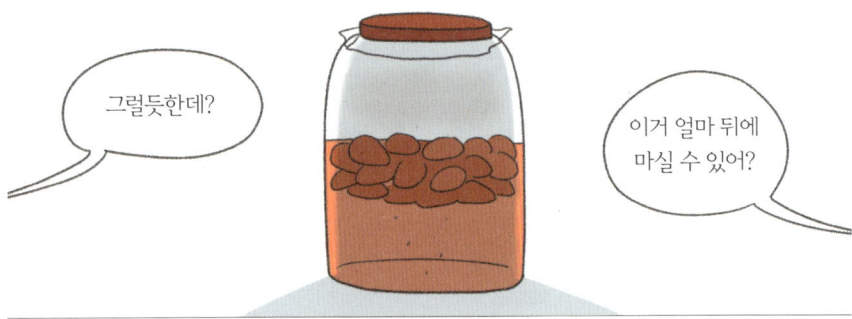

담그는 과정은 어렵지 않았으나 역시 문제는 기다림.

담금주

당분간 잊고 지낼 수 있도록 방의 어두운 곳에 두고,

한 달 후쯤 한 번 걸러주며 맛을 봤다.

굉장한 맛이었다.

기대감에 차 두 달 정도를 더 기다렸고,

딸기주를 함께 담갔던 멤버가 다시 모여 시음회를 가졌다.

분명 3.5리터 용량의 담금주용 소주를 사용했는데,

짧은 술꾼 만화: 두 번째 담금주

소주

소주와 맥주는 대학교에 입학하고 첫 번째로 만난 술이다.

특히 소주는 학교 행사, 친구들과의 술자리 등
마음만 먹으면 얼마든지 마실 수 있는 환경이 조성되어 있었다.

마실 때마다 아세톤을 넘기는 듯한(마셔본 적 없지만)
소주 맛에는 도무지 적응이 되지 않는다.

소주를 꿀떡꿀떡 넘기는 선배나 어르신들은
'나중에는 소주 맛이 달게 느껴진다.'라는 소리를 했지만

10년쯤 지난 지금 어떤가 생각해보면 딱히 극적인 변화는 없는 것 같다.

그래도 이제는 다년간의 경험으로
맥주보다 소주가 어울릴 것 같은 안주를 마주하게 되면,

소맥을 마신다.

외국인 친구들이 와서 어쩐지 소주를 소개해줘야 할 것 같은 자리에서도

소맥을 소개한다.

나는 잘 마시지 않아도 주변에 꼭 소주만 먹는 친구는 항상 존재한다.

대체 소주의 매력은 무엇인가.

그들은 어떻게 그렇게 일찍부터 소주의 맛을 깨닫게 된 것인가.

짧은 술꾼 만화: 그런 날이 있지

 # 망나니 시절

술꾼이라면 모름지기 망나니 같은 삶을 살았다는
생각이 드는 시기가 한 번쯤은 있지 않을까.

술을 향한 열망과 버터줄 체력 사이에서
아슬아슬한 줄다리기를 하던 때 말이다.

내게 그 시기는 20대 중반 즈음으로

망나니 시절

아마도 일주일 중 5일 이상?

그만큼 체력이 있는 시기이기도 했고,
간이 깨끗했는지 술만큼은 무한정 들어갔다.

게다가 거의 모든 술자리가 동트고 끝났다.

그 시기에는 잘 취하지도 않아 기분 좋게 친구들을 수습하여 보내고,

집에 와서 깨끗하게 샤워한 후 고양이와 함께 잠자리에 들었다.

그리고 다음 날 해가 지면 다시 술이 당기기 시작하는 것이다.

물론 이 격동의 시기를 함께해준 소중한 친구들이 있었기에 가능했고,

새로운 사람들을 끊임없이 만날 수 있는 환경이었던 것도 한몫했다.

나는 지금도 이때의 추억들을 안주처럼 소환한다.

앞으로 다시 그렇게 살 수 없을 것임을 알기에
더욱 보석처럼 빛나는 나의 망나니 시절.

마음속에 고이 간직하고 살아가야겠다.

짧은 술꾼 만화: 지속 가능한 음주 생활을 위하여

옛날에 가족 모임에서 고모부와 술을 마시다가 운동에 대한 화제가 나왔다.

어! 나 요즘 운동 진짜 열심히 해.

아, 건강에 좋죠.

그것보다도 술 마시려고~.

히히

그때는 그 대화를 듣고 그런가 보다 했는데

이제야 그 마음을 온전히 이해할 수 있게 되었다.

고모부, 먼저 살아본 자의 혜안이 빛나는구나.

운동을 해서라도 전과 같이 술을 마시고 싶은 마음. 알지, 완전 알지.

겨울의 전골 파티

한겨울이 되면 주변 사람들과 함께 집에 모여 전골을 해먹곤 한다.

보통은 내가 전골을 준비하고 초대한 손님들에게
잘 어울릴 것 같은 술을 가져오라고 부탁하는데

가장 기본적인 맥주를 필두로 여러 술이 모인다.

겨울의 전골 파티

여럿이 둘러앉아 식탁 가운데에 보글보글 끓고 있는 냄비를 보고 있노라면

추운 겨울도 따뜻하게 느껴진다.

눈까지 오면 금상첨화지만 타이밍 맞추기가 어려우니 새해 타종 방송 정도의 이벤트를 끼워 넣는 것을 추천한다.

전골을 다 먹고 나면,

여러 가지 술을 섞어 마셔버렸기 때문에 기분 좋게 취한다.

술꾼과 손님들이 모두 만족스러운 전골 파티.

겨울의 전골 파티

이제는 겨울마다 하지 않으면 어쩐지 허전한 기분이 든다.

올해도 잊지 말고 근사한 전골을 만들어야겠다.

빈티지 와인

오랜만에 바에 갔는데 먼저 온 단골손님의 옆 자리에 앉게 되었다.

들려오는 이야기를 들어보니

군 복무중이라는 손님이 휴가에 맞춰 자신이 태어난 해에
생산된 와인 구입을 부탁하셨던 모양이다.

옆 자리에 앉은 특혜로 처음 병을 오픈했을 때 조금 맛을 봤고,

한참 일행과 술을 마시다가

빈티지 와인

만화로 그리고는 있지만 정말 만화 같은 경험이었다.

역시 아직 경험해볼 술은 많고,

내가 준비해야 할 것은 돈이라는 사실을 다시금 깨달았다.

한 가지 다행인 점은 내가 태어난 해의 포도 농사가 잘되어서

비교적 와인을 구하기가 쉽다는 것이다.

언젠간 나도 나와 같은 나이의 와인을 마셔보리라.

짧은 술꾼 만화: 날아오르라 가격이여

 진정한 어른

술자리에서 가장 대단하다고 생각되는 사람은

예정했던 시간에 자리를 뜨는 사람이다.

나도 진정한 어른으로 거듭나기 위해 술자리마다 다짐하기는 하지만,

실제로 지켜진 적은

거의 없다.

심지어 딱 한 잔만 더 하지도 않는다.

진정한 어른 되기에 실패하고 다음 날 매번 자괴감에 빠지지만,

짧은 술꾼 만화: **진정한 어른으로의 한 걸음**

술자리에서 먼저 일어나는 일은 없을 줄 알았던 내 삶에도 그날이 찾아왔다.

먼저 간다~!

와, 진심?

천지개벽할 듯

항상 먼저 가던 친구보다 집에 일찍 들어가는 내 모습

여러분, 저 막차 타고 있어요!

덜커덩

집에 가서도 한참을 어색해했다.

이런 날이 오다니….

멀쩡

와, 너무 이상하다.

🍷 알코올 우울

유난히 즐거운 술자리가 있었던 다음 날은

상대적으로 가라앉는 경향이 있다.

나는 술을 마실 때 즐거워지고 사람들과 이야기도 많이 나누는 편이라

전날의 기억들을 곱씹으며 괴로워한다.

하지만 지금은 알코올이 분해되며 찾아오는 우울감을 마주할 줄 알고,

빨리 남은 알코올 기운을 몰아내어 생산성을 높이는 것이
스스로에게 훨씬 더 도움이 된다는 것도 알지만,

그럼에도 우울감이 쉬이 떨쳐지지 않는 날이 있다.

자신이 우주의 먼지처럼 느껴지는 그런 날

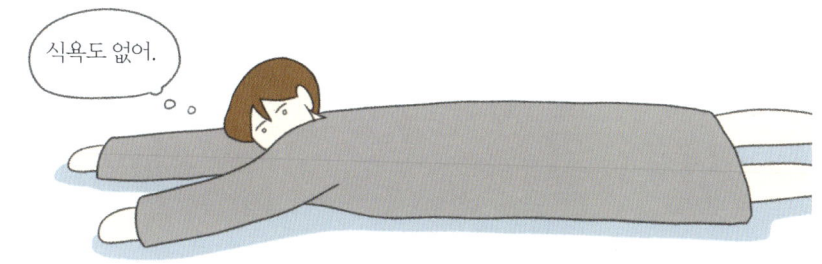

1차적으로는 타인의 도움을 받아본다.

너무 근면 성실하고 일을 좋아하는 친구들에게 의지했다가는
역효과가 날 수 있으니 적절하게 선택해보자.

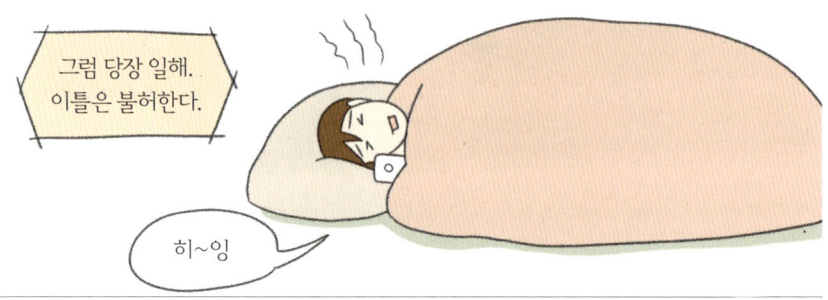

친구에게 위로의 말을 들어도 기분이 나아지지 않는다면
좋아하는 창작물을 읽는다.

작업하고 싶은 욕구도 생겨서 내게는 꽤 효과가 좋은 방법이다.

알코올 우울

이것마저 통하지 않는다면,

마지막 방법은 기분에 순응하여 잠을 자는 것뿐이다.

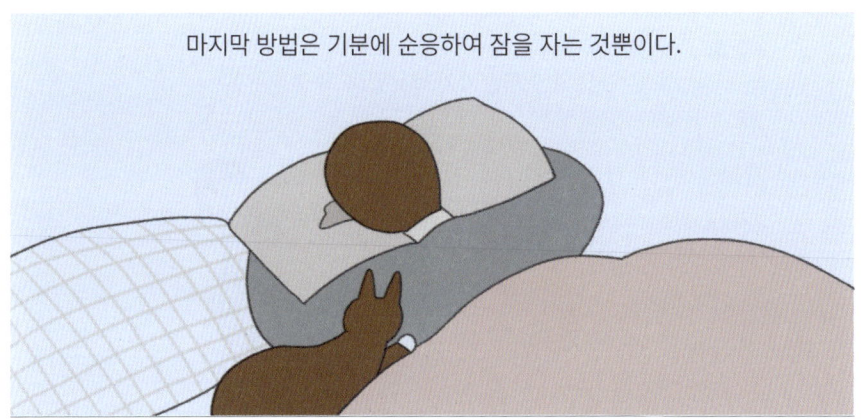

잠이라도 많이 자서 몸의 컨디션을 올려놓으면,

몸의 에너지가 마음을 끌어올려주기도 한다.

술꾼에게 가끔씩 찾아오는 반갑지 않은 손님.
피할 수 없다면 자신만의 매뉴얼을 꼭 만들어두자.

짧은 술꾼 만화: 슬픔과 알코올의 상성

만화책이나 드라마에서 주인공이 슬프거나 힘든 일이 있으면 꼭 술을 마시길래

고주망태 주인공

ㅋㅡ

호오

무작정 따라 해본 적이 있다.

흠, 슬픈 것 같으니 술을 마셔볼까!

밖훈술은 아니고 집훈술

기세를 몰아 조금 울어봤는데

또륵

슬픔에 빠져보자.

짧은 술꾼 만화: 슬픔과 알코올의 상성

어머니가 한마디 하셨다.

원래 슬플 땐 술 마시는 거 아니다~.

20대 초반에 들었던 그 말이 너무 설득력이 있어서 기억 속에 깊이 남았고

아, 어쩐지

도움이 별로 안 되더라~.

지금도 슬플 때는 딱히 술 생각이 나지 않는다.

역시 슬플 땐 슬픈 만화책이지!

코로나 시대의 술꾼

코로나 시대를 맞이한 술꾼은

몹시 슬프다.

알코올을 수혈받지 못하는 몸뚱이의 불만은 커져만 간다.

불만에 반비례하여 주량은 줄어들어버렸고,

그러면 생활비도 줄어들었어야 할 것 같은데,

그렇지는 않은 것이 신기하기만 한 나날이다.

우리들의 일상은 돌아올 수 있을까.

만약 돌아온다면 그날에는 커다란 케이크를 사서

알코올 샤워와 함께 성대한 축하를 해야 억울하지 않을 것 같다.

짧은 술꾼 만화: **이벤트 사냥꾼**

술꾼은 이벤트를 좋아한다.

달력에 표시된 빨간 날은 물론이고

크리스마스?!

레드 와인 한 병 따야 하지 않나?

평범한 나날 중 타인의 작은 기쁨을 발굴해 축하할 줄 안다.

뭐? 그거 축하할 일이네!

아니, 그 정도는….

그런가?

맞지! 마시러 가야겠네!

내가 술을 마실 상인가

사람의 얼굴에는 자신이 살아온 궤적이 나타난다고들 한다.

비슷한 맥락으로 술꾼이라는 것도 티가 나는 것 같다.

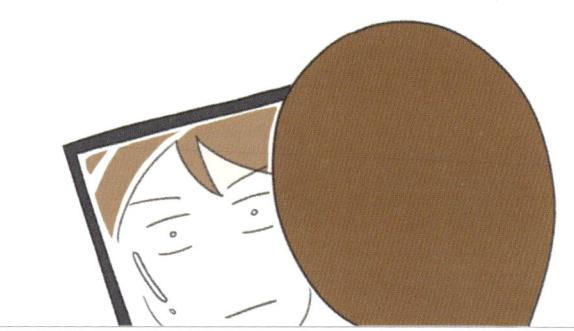

정확하게 콕 집어 말할 수는 없지만,

뭔가, 뭔가 느껴진다.

가끔씩 방송에 출연한 연예인들의 얼굴을 보다가도 문득 이런 생각이 들곤 하는데,

종종 맞았고,

누군가를 처음 만나는 자리에서도

그 자리에서는 서로 눈치 보며 자신의 주량을 숨기기 바쁘지만

결국에는 감이 맞아떨어지는 일이 자주 발생한다.

술꾼을 판별하는 능력은 지금까지 술자리에서
수많은 술꾼의 얼굴을 봐왔기 때문에 생겨난 것일까.

혹은 나의 유전자가 술친구 찾는 능력을 심어준 것일까.

하지만 나는 다른 술꾼들을 알아보더라도
나만은 은둔자로 남고 싶다는 비겁한 생각을 한다.

내가 술을 마실 상인가

같은 생각을 하고 있는 세상의 술꾼들이여

각자의 낮을 잘 보내고

오늘도 술집에서 만나자.

짧은 술꾼 만화: 음주와 피부

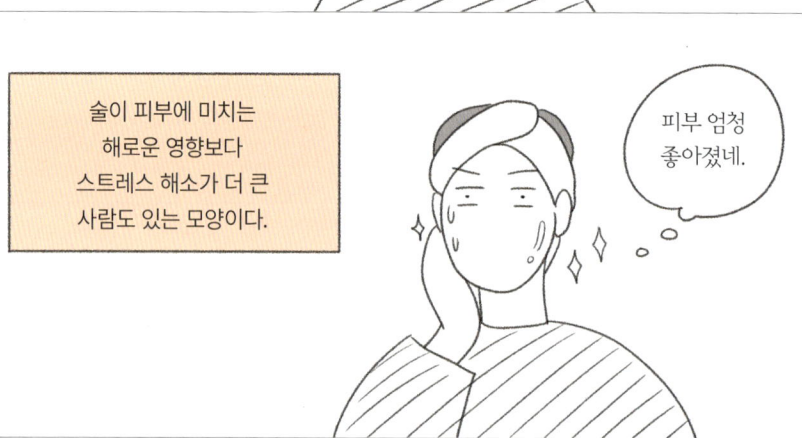

노래방

얼마 없는 어릴 때의 기억 중 비교적 선명하게 남아 있는 것은

어머니가 주말에 연주하던 피아노 소리다.

나는 일찍이 야행성이었고 잠도 많았지만,

중학시절 방학부터
이미 밤낮이 바뀌어 있었음

암막커튼 필수

노래방

이상하게 노래와의 연이 이어졌던 학창 시절을 지나

술을 마시면 노래방을 가고 싶어 하는 어른으로 성장했다.

하지만 노래방이라는 장소는 호불호가 강하게 갈리는 장소여서

그 술자리의 구성원이 모두 동의하지 않는다면 가기 어려웠다.

시간이 지날수록 노래방을 함께 가던 사람들도 점점 노래방에 가지 않게 되었고

세상 사람들이 비슷한 아쉬움을 느꼈는지 코인노래방이 우후죽순 생겨났다.

혼자서 작은 방에 앉아 노래를 부른다는 게 어쩐지 어색해서 나는 가본 적이 없지만,

노래방의 이름을 달고 있는 업태가 성행한다는 것이 내심 반가웠다.

노래방은커녕 집에서 노래를 흥얼거리지도 않는 요즘에는

산과 막걸리

거의 '비오는 날에는 파전과 막걸리' 수준의 기계적 발상인 것 같은데,

최근 친구가 산과 막걸리의 연관성을 몸소 증명하고 있어 놀라워하는 중이다.

시작은 산책로로 쓰인다는 북한산 둘레길이었다.

몇 달 후

메신저로 사진이 도착했다.

완연한 산악인의 사진이….

산과 막걸리

친구는 어느새 산 정상에 오르는 사람이 되어 있었고

여전히 막걸리가 당긴다고 했다.

얼마 전 작업실을 이사했으므로 집들이도 할 겸
하산하는 길에 막걸리를 사오라고 했고,

사온 막걸리 두 병을 마시면서 산과 막걸리에 대한 얘기를 했다.

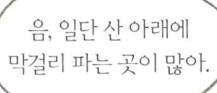

산과 막걸리

조금 알 것 같기도 하고,

영원히 모를 것 같기도 하다.

🍷 술로 이어진 인연 1

나에게는 술이 없었으면 친구가 되지 못했을 것 같은 사람이 있다.

그는 우리 과에 교환 학생으로 왔던 호주 사람으로,

맥주를 참 좋아한다.

처음에는 직접적으로 친한 것은 아니었는데

불시에 여러 사람이 모이게 되는 대학 생활의 특성상 종종 술을 같이 마시게 되었고,

다 같이 마신 술을 셀 수 없을 때쯤 친구는 고국으로 돌아갔다.

이후로도 친구가 한국에 올 때마다 다 같이 모여 술을 마시고,

화상 통화로 술자리를 함께하기도 하는데,

생각할수록 신기한 인연이다.

짧은 술꾼 만화: **술로 이어진 인연 2**

🍶 사케

176

사케는 특유의 부드러운 목 넘김이 좋아 겨울이 되면 종종 마시곤 했는데

그날 서비스로 받았던 사케는 특별히 맛있었다.

꽤 취했는데도 나중에 꼭 한번 다시 마셔보고 싶은 맛이었기에
술의 이름을 따로 적어두었는데

대부분의 현지 술이 그렇듯 국내에서는 구하기 어려웠고,
아쉬움과 함께 잊혀져갔다.

그 사케와 다시 만난 것은 몇 년 후의 도쿄에서였는데

여행 일정이 확정된 후 문득 그 사케가 떠올라 검색해보니,
접근성이 좋은 도쿄 한복판에 단독 매장이 있었다.

부푼 마음 안고 가게에 입성.

샘플러 메뉴가 있어 바로 주문했다.

샘플러는 쌀의 정미율에 따라 세 종류의 사케를 조금씩 제공했다.

사케에 대한 경험이 적어도, 특별한 미각이 아니어도
알 수 있을 정도로 모두 다르게 느껴졌고

무엇보다도 불투명했던 만남이 성사됐다는 게 가장 기뻤다.

나는 망설임 없이 한 병을 구입해 소중하게 품고 돌아와서

여운을 즐기며 여행을 완벽하게 마무리했다.

짧은 술꾼 만화: 잊어서는 안 되는 것

비슷하게 런던에서도 꼭 한 번 다시 마셔보고 싶은 맥주가 있었는데

이거 베이컨 맛이 나는데?

미각이 고장난 거 아니고?

뭐?

어리석게도 이름을 적어놓지 않아 낭패를 봤다.

IPA였던 것 같은데 기억이 안 나.

너 하도 여러 가지 마셔서 나도 뭔지 모르겠어.

그때 이후론 정확한 이름이 아니더라도 우선 적어놓고 본다.

상황이 여의치 않다면 들리는 대로 대충이라도….

병을 찍어놓는 것이 베스트!

안주의 힘

'좋은 안주와 술을 마시면 마시면서도 술이 깬다.'
라는 말을 들어본 적이 있는가?

나는 안주보단 술에 무게를 두는 타입이라 이런 경험을 할 기회가 없었는데

딱 한 번 어떤 음식과 함께 술을 마시며 느껴본 적이 있다.

신선한 회와 해산물을 안주 삼아 술자리가 무르익었을 때쯤

그것이 등장했다.

국물 요리는 모두 옳다고 생각하는 사람이라 기쁜 마음으로 먹었는데,

그 시점부터 이상하게 술이 깨기 시작하는 것이었다.

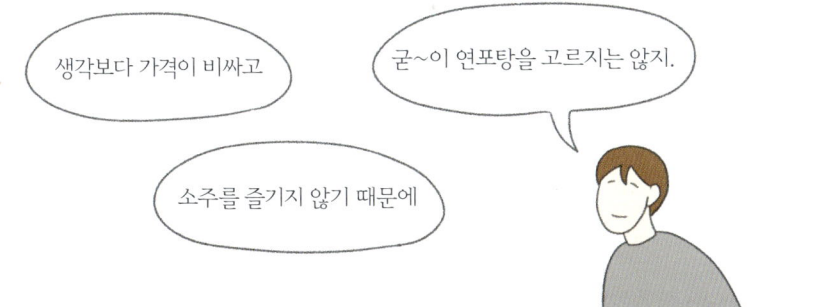

언젠가 다시 한 번 검증해보고 싶다는 생각을 마음속에 품고 있다.

짧은 술꾼 만화: 술꾼의 고양이 2

집 고양이들은 사람 음식을 크게 탐하지는 않지만

까득 까득
완전 건사료파

이상하게 집착하는 음식이 한두 가지는 있는 편이다.

본가의 고양이들은 생크림이나 빵을 좋아하기도 했지.

생크림 한입 줘!

그런데 우리 집 고양이가 관심을 보이는 사람 음식의 리스트가 심상치 않다.

과메기
김
순대 내장 중 간
치킨
마라맛 육포

저기, 혹시 어디서 약주 한잔 하고 오셨어요?

내추럴 와인

내추럴 와인을 처음 접한 것은 친구의 선물 덕분이었다.

나는 평소에 쓰지 않는 여행용 캐리어를 빌려준 답례로

예상치 못하게 와인을 받았다.

내추럴 와인

며칠 후 따서 마셔봤는데

맛을 보고 몹시 당황했다.

이상하다는 생각은 했지만 이때는 딱히 와인에 대한 흥미도 지식도 없었을 때라 어영부영 넘어갔다.

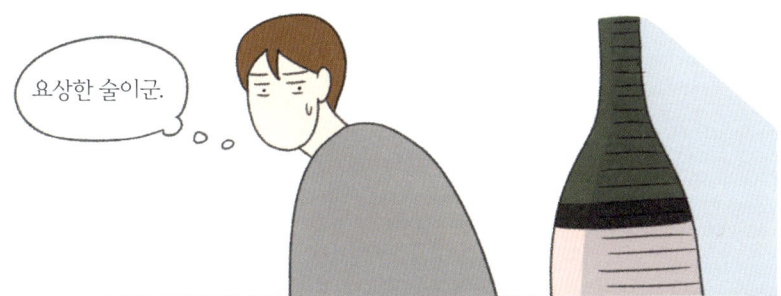

라벨에 그려진 돼지만을 기억에 새긴 채로….

그 와인을 마셔본 후 한 해쯤 지났을 무렵에
어느 와인바에서 라벨의 돼지와 마주쳤다.

메뉴판을 기웃거려보니 그 와인은 '내추럴 와인'이라는 것이었는데

내추럴 와인

생소하다 느낄 새도 없이 곧 동네마다 '내추럴 와인바'를
표방하는 가게들이 생겨나 접하기 쉬운 술이 되었다.

나는 딱히 술을 가리지 않는 편이라 그 맛에도 금세 익숙해져서

현재는 톡톡 튀는 매력 때문에 꽤 자주 섭취한다.

그러디 보니 갑자기 이런 생각이 드는 것이다.

당장 확인해보고 싶어서 와인바에 찾아가 그 돼지 와인을 한 병 땄다.

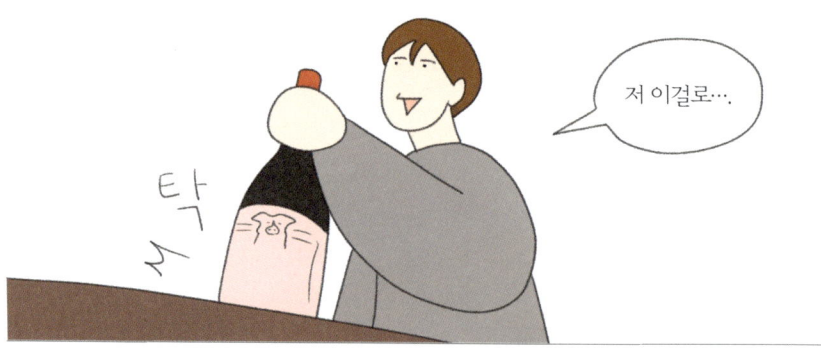

다시 마셔보니 맛 자체는 기억 속의 맛이 맞는데

이제는 그 향과 맛이 전혀 이상하게 느껴지지 않았다.

재밌는 점은 이 와인이 내추럴 와인의 입문자용으로 널리 추천되고 있다는 것.

그 강렬한 인상 때문에 앞으로도 '내추럴 와인'이라는
단어를 보면 돼지 얼굴부터 생각날 것 같다.

짧은 술꾼 만화: **와인 셀러**

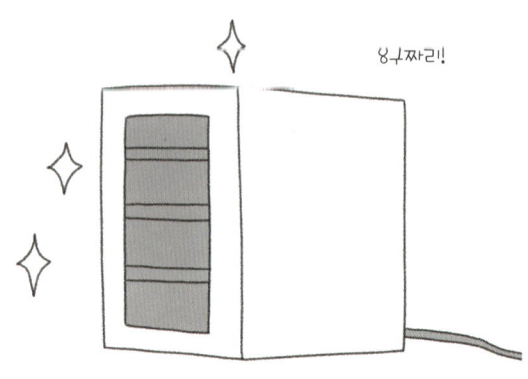

본가에서 안 쓰는 와인 셀러를 가져왔다.

와인을 오래 보관할 일이 적기는 하지만

셀러의 존재만으로도 와인 입문자에서 조금은 성장한 것 같은 기분이 든다.

홈술

지금 집에 있는 술들은 예상치 못하게 상품권이 생겼을 때 한꺼번에 구매한 것들이다.

진이나 위스키를 구비해두면 손님이 올 때도 좋고,

갑작스럽게 딱 한 잔만 마시고 싶을 때도 유용하다.

혼술할 때는 딱히 안주를 먹지 않는 편이고,

손님이 왔을 때만 이것저것 차리거나 꺼내보는데

요즘 빠져 있는 안주는 '전'이다.

막걸리랑만 어울릴 것 같지만 의외로 와인과도 잘 어울리고,

들어가는 재료에 따라 다양한 맛을 즐길 수 있는 게 특장점이다.

또 하나 추천하고 싶은 안주는 '김 부각'이다.

대량 구매해놓으면 맥주 마실 때 한 봉지씩 꺼내 먹는 재미가 쏠쏠하다.

바깥 생활이 어려운 요즘에 각자의 방법으로 슬기로운 홈술을 해보면 어떨까.

에필로그